Disney · PIXAR

EN AVANT

Le roman du film

Traduction et adaptation : Elizabeth Barféty.
Création graphique du roman : Le chalet graphique.

Hachette Livre, 58, rue Jean-Bleuzen, 92178 Vanves Cedex.

Disney · PIXAR

EN AVANT

Le roman du film

hachette JEUNESSE

IAN

À tout juste 16 ans, Ian manque cruellement de confiance en lui. Pourtant, le jeune elfe a un atout : lui seul peut utiliser le bâton de magie que lui a légué son père avant de mourir.

BARLEY

Passionné par les jeux de rôle, le grand frère de Ian n'a jamais cessé de croire à la magie. Sous ses airs un peu naïfs, il se révèle incollable sur les sortilèges et les quêtes épiques.

LAUREL & COLT

Laurel est la mère de Ian et Barley. Courageuse, elle n'hésite pas à faire ressortir la guerrière qui est en elle quand l'occasion se présente. Colt, son petit ami centaure et officier de police, est bien placé pour le savoir !

PROLOGUE

Il y a bien longtemps, le monde ne connaissait ni les téléphones portables, ni les télévisions, ni même l'électricité. Les lutins et les licornes fendaient le ciel, tandis que les centaures, les satyres, les cyclopes ou les elfes parcouraient la terre. La magie régnait sur le monde !

En ces temps merveilleux, les magiciens lançaient des sorts en prononçant des incantations ; leurs bâtons jetaient de puissants rayons magiques. Ceux qui maîtrisaient

la magie savaient faire léviter des objets ou jaillir le feu ; ils accompagnaient les guerriers dans leurs quêtes, et affrontaient de terribles créatures, hydres ou dragons…

Mais devenir magicien n'était pas chose facile. Il fallait de la patience, de l'entraînement, de la persévérance. Seuls ceux qui possédaient le don pouvaient lancer des sorts.

Alors, avec l'apparition de nouvelles technologies, le monde se mit à changer.

Plus besoin d'un sort de lumière ou de feu, quand n'importe quel elfe peut appuyer sur un interrupteur, ou allumer le gaz ! Bientôt, les étudiants en magie abandonnèrent leurs bâtons… Le monde se remplit de grille-pain, de cuisinières, de bus, de voitures. Les lutins prirent l'avion, les centaures achetèrent des voitures pour ne plus avoir à galoper. Les adolescents se mirent à jouer aux jeux vidéo, au lieu de se lancer dans des quêtes épiques.

C'est ainsi qu'avec le temps, la magie s'évanouit…

Le soleil se lève sur New Mushroomton. Dans sa chambre, Ian Lightfoot, un jeune elfe fluet et un peu geek, se prépare à aller au lycée, pour une journée pas tout à fait comme les autres. Car aujourd'hui, c'est son anniversaire. Et il espère bien que ses 16 ans marqueront le début d'une nouvelle ère dans sa vie…

Il descend l'escalier et tombe sur Laurel, sa mère, qui est en train de faire une séance de sport devant la télé.

– Salut, maman ! lance Ian en essayant de couvrir la musique d'accompagnement.

C'est le moment que choisit Fournaise, la petite dragonne domestique de la famille, pour bondir sur le maigrichon. Elle le plaque au sol pour lui lécher le visage.

Le bruit attire l'attention de Laurel. Elle attrape un spray pour pulvériser un peu d'eau sur le museau de la dragonne et gronde :

– Vilaine dragonne ! Va dans ta tanière !

Alors que Ian vient à peine de se relever, c'est au tour de sa mère de lui sauter dessus.

– Joyeux anniversaire, monsieur l'adulte ! s'écrie-t-elle joyeusement.

Elle se recule pour l'observer et ajoute :

– Tu portes le sweat de ton père…

– Oui, confirme Ian. Il me va, maintenant.

Sa mère sourit, attendrie.

– Tu pourrais inviter tes camarades du cours de science, ce soir ? suggère-t-elle ensuite. Pour une petite fête…

– Je ne les connais pas si bien que ça, maman…

– Eh bien, c'est le moment ou jamais d'essayer de nouvelles choses, non ? En parlant de ça, tu t'es inscrit pour les leçons de conduite ?

– Non, marmonne le jeune elfe en se dirigeant vers la table de la cuisine.

Barley, son frère aîné, y a laissé son jeu préféré : *Les Quêtes de Yore.* Ian s'avance pour le ranger, quand il sent qu'on l'attrape par le cou.

– Halte ! lance une voix puissante. Mon frère oserait-il perturber une campagne en cours ?

Sans le lâcher, le costaud continue :

– Tu sais, dans les temps anciens, le jour de tes 16 ans, tu aurais été conduit aux Marais du Désespoir pour y tester ta force.

– Ouais, bah je testerai rien du tout, grommelle Ian. Lâche-moi maintenant.

Son grand frère s'exécute… et bondit sur sa mère, à qui il fait la même prise !

– Ah, mais tu pues ! s'exclame cette dernière. C'était quand, ta dernière douche ?

Le costaud rigole… jusqu'à ce que, d'un mouvement souple, sa mère le fasse basculer au sol.

– Tu vois, tu devrais prendre exemple sur maman ! dit Barley à son petit frère. Elle sait libérer la guerrière qui est en elle !

– Merci, réplique Laurel. Maintenant, sors les poubelles, s'il te plaît.

Le costaud obéit. Mais lorsqu'il passe la porte de derrière, il se retrouve nez à nez avec l'inspecteur Colt Bronco. Le centaure secoue la tête d'un air réprobateur.

– Pourquoi chaque fois que la ville veut détruire un vieux monument, je dois traîner

mon arrière-train ici pour m'occuper de toi ? interroge-t-il.

Il brandit son téléphone pour montrer une vidéo sur laquelle on voit Barley s'accrocher à une vieille fontaine, au milieu d'une foule d'ouvriers et de policiers.

– *Je ne vous laisserai pas détruire ce monument !* hurle-t-il. *Des guerriers anciens ont bu de son eau au cours de leurs quêtes épiques !*

Laurel, qui est sortie, attirée par le bruit, sourit au policier.

– Puisque tu es là, entre cinq minutes, lui propose-t-elle.

– Merci, ma chérie, répond le centaure en se penchant pour l'embrasser.

Barley et Ian échangent un regard écœuré. Ils trouvent toujours aussi dégoûtant que leur mère ait un petit ami…

Laurel se tourne ensuite vers son fils aîné.

– J'aimerais que tu te préoccupes un peu moins du passé, et un peu plus de ton avenir, le sermonne-t-elle.

– Tu ne peux pas passer ton temps à jouer à ton jeu de société, renchérit Colt.

– C'est un jeu de rôle basé sur des faits historiques réels ! proteste Barley. D'ailleurs, tu savais qu'avant, les centaures pouvaient galoper à plus de 110 km/h ?

– J'ai une voiture, réplique son beau-père, pas impressionné.

En désespoir de cause, l'elfe rebelle se tourne vers son petit frère.

– Tu devrais y jouer avec moi, Ian, propose-t-il. Tu pourrais incarner un magicien ! ajoute-t-il en posant une figurine sur l'épaule du jeune elfe.

– Hé, fais attention au sweat de papa, l'avertit le maigrichon.

– Je ne me souviens pas de l'avoir vu le porter, remarque Barley.

– C'est normal, répond son frère. Tu as quoi ? Deux souvenirs de lui ?

– Trois, corrige le costaud. Sa barbe qui grattait, son rire trop marrant, et cette fois où je jouais de la batterie…

– … sur ses pieds, complète Ian, qui a déjà entendu l'histoire des centaines de fois.

Puis il se dirige vers la porte.

– Je prendrai à manger sur le chemin du lycée, lance-t-il à sa mère. À tout à l'heure !

– Attends ! s'exclame Barley. Je ne t'ai pas encore adoubé ! Bon, tant pis, je viendrai te chercher au lycée pour faire la cérémonie.

– Non, surtout pas, réplique le jeune elfe en claquant la porte derrière lui.

Quelques minutes plus tard, Ian arrive dans son fast-food préféré. Alors qu'il attend sa commande, un elfe s'approche de lui. Du doigt, il désigne le nom de famille brodé sur le sweat du maigrichon.

– Tu es de la famille de Wilden Lightfoot ? demande-t-il.

– Oui, c'était mon père ! confirme Ian.

– J'étais à la fac avec lui, explique l'elfe. Je m'appelle Gaxton. J'ai été navré d'apprendre qu'il était décédé… C'était quelqu'un de bien. Et si sûr de lui ! Il ne passait pas inaperçu, ça, c'est sûr…

L'elfe éclate de rire et ajoute :

– Et il portait toujours d'atroces chaussettes violettes !

Ian a mille questions à poser, mais malheureusement, Gaxton doit emmener son fils à l'école.

Pensif, le jeune elfe le regarde partir. Cette anecdote inédite sur son père lui a donné une idée…

LE SORT DU VISITEUR

Chapitre 2

Arrivé au lycée, Ian sort un carnet pour y dresser la liste des bonnes résolutions qu'il veut prendre pour son anniversaire.

LE NOUVEAU MOI :

- dit ce qu'il pense ;

- apprend à conduire ;

- invite des gens à sa fête ;

- ressemble à Papa.

Satisfait, il se lève pour rejoindre sa classe. Il s'installe à sa place habituelle, devant Gorgamon, un gros troll qui porte toujours des tongs. Comme tous les jours, ce dernier pose ses pieds dégoûtants sur la chaise de Ian. Mais aujourd'hui, l'elfe a sa liste. Il demande donc au troll de bien vouloir enlever ses pieds.

– Désolé, mec, c'est pour ma circulation sanguine, réplique Gorgamon. Si je ne lève pas mes pieds, je ne peux pas me concentrer. Et tu ne voudrais pas que j'aie de mauvaises notes, n'est-ce pas ?

– Euh… non, répond Ian avec un rire gêné.

On dirait que c'est raté pour cette fois…

Un peu plus tard dans l'après-midi, la prof de conduite cherche un volontaire pour une première évaluation. En pensant à sa liste, Ian se force à lever la main.

Une fois qu'il est au volant, tout se passe bien, jusqu'à ce que sa monitrice lui demande de s'insérer sur l'autoroute. Paniqué par la circulation, Ian pile. Encore un échec.

Les cours terminés, Ian va trouver les élèves de son cours de science. Il est tellement stressé qu'il a griffonné sur sa paume des idées de phrases pour démarrer la conversation.

– Yo, ça va, les potes ? se lance-t-il.

– Salut… euh… Ian, c'est ça ? lui demande Sadalia.

Stupéfait qu'elle connaisse son prénom, le jeune elfe bredouille :

– Si vous aimez les fêtes, j'allais en faire une…

– Quoi ? demande sa camarade.

– Je veux dire, si vous ne faites rien ce soir – mais je suis sûr que vous faites quelque chose – et que vous aimez les gâteaux autant que moi j'aime les gâteaux, eh bien… j'ai un gâteau. Chez moi.

Les élèves échangent des regards perplexes.

– Tu es en train de nous inviter à une fête ? vérifie Sadalia.

– Voilà, c'est ça, confirme Ian, soulagé.

À sa grande surprise, tous sont prêts à le suivre. Mais alors qu'ils s'apprêtent à prendre le bus, un vieux van bringuebalant vient se garer devant le lycée. Sur sa carrosserie bleu nuit se détache un flamboyant cheval ailé.

– Oh non, murmure le jeune elfe.

La tête de Barley surgit par la fenêtre côté conducteur.

– Votre carrosse est avancé, monseigneur ! lance-t-il. Ma chère Guenièvre va vous transporter, toi et tes compagnons !

Mort de honte, Ian se passe la main sur le front… et il se retrouve avec le visage couvert d'encre ! Quand il s'en rend compte, il est si mortifié qu'il annule son invitation et grimpe dans le van en quatrième vitesse. Alors que les deux frères roulent vers chez eux, Ian soupire, dépité. Il a tout raté.

De retour chez lui, le jeune elfe monte dans sa chambre. Son regard se pose sur les photos de famille accrochées au-dessus de son bureau. Sur l'une d'elles, on voit son père avec Barley, âgé de 3 ans, et sa mère, enceinte de lui. Sur le cliché suivant, pris quelques mois plus tard, on voit toujours le petit Barley, à côté de Laurel qui tient dans ses bras Ian, bébé. Mais la place que Wilden aurait dû occuper est vide…

Ian a la gorge nouée. Il aimerait tant pouvoir parler à son père. Alors, comme toujours dans ces cas-là, il prend une cassette audio dans le tiroir de son bureau, qu'il glisse dans un vieux lecteur. Quelques secondes plus tard, la voix de son père résonne. Depuis plus de seize ans, la cassette contient un morceau de conversation entre Wilden et Laurel.

Ian connaît l'enregistrement par cœur. Et comme on n'entend quasiment pas la voix de sa mère, il peut rebondir sur chaque phrase, pour créer un semblant de dialogue.

– Salut, papa, souffle-t-il.

– *Allô ? Allô ?* dit la voix de son père.

– C'est Ian.

– *Ah oui ?*

– Tu as passé une bonne journée ?

– *Eh bien, j'essaie.*

– Moi aussi. Même si j'aimerais qu'on puisse passer du temps tous les deux…

– *Je sais.*

– On pourrait faire tellement de choses ! Je suis sûr que ce serait génial…

– *Il n'y a plus qu'à tester !*

– J'adorerais ça ! s'emballe Ian, oubliant presque qu'il parle à un enregistrement. On pourrait…

– *OK, salut,* le coupe la voix de son père.

– Salut, répète tristement le jeune elfe en arrêtant la lecture.

Frustré, il descend voir sa mère.

– Comment était papa à mon âge ? l'interroge-t-il. Est-ce qu'il avait déjà confiance en lui ?

– Oh non ! répond Laurel. Il a mis du temps pour se trouver…

– J'aurais bien aimé le rencontrer, murmure Ian.

– Tu sais, quand Will est tombé malade, il s'est battu de toutes ses forces. Parce qu'il voulait te connaître, lui souffle sa mère.

Puis elle secoue la tête, comme pour chasser sa mélancolie en ce jour de fête, et annonce :

– Tu sais quoi ? J'ai un cadeau pour ton frère et toi. De la part de ton père !

Quelques instants plus tard, Laurel redescend du grenier avec un grand paquet, qu'elle tend à ses fils.

– Will m'avait dit de vous le donner quand vous auriez tous les deux plus de 16 ans. Je n'ai aucune idée de ce que c'est…

Ian s'empresse de déballer ce mystérieux cadeau. Ébahi, il découvre un long bâton de bois noueux.

– PAPA ÉTAIT UN MAGICIEN ! s'exclame Barley, surexcité, en reconnaissant un bâton de magie.

– Votre père était comptable, corrige Laurel. C'est vrai qu'il s'est intéressé à un tas de choses étranges quand il est tombé malade, mais…

– Il y a une lettre ! l'interrompt Ian.

Cher Ian, cher Barley,

Je sais que la magie a presque disparu du monde. Mais j'espère qu'il en reste un peu… en vous ! J'ai écrit ce sort dans l'espoir de voir de mes propres yeux les hommes que vous serez devenus.

Au dos de la feuille, il est écrit « Sort du Visiteur », au-dessus d'un schéma explicatif et d'une étrange formule. Incapable de résister plus longtemps, Barley prend la lettre.

– J'y crois pas, murmure-t-il. Ce sort peut ramener papa pour une journée !

Le costaud fronce les sourcils, et se met à chercher dans le paquet qui emballait le bâton.

– Un sort si puissant doit demander…

Tout à coup, il brandit une pierre orange et complète, triomphant :

– Une Pierre de Phénix !

Il la place au sommet du bâton de magie, où elle s'insère parfaitement. Puis, solennel, il lit l'incantation à haute voix :

– *Sur la Terre un jour durant, une chance de réapparaître. Jusqu'au prochain soleil couchant, qu'il te soit donné de renaître !*

Barley s'arrête, prêt à ce que la magie fasse son œuvre… mais rien ne se passe. Sa mère et son frère le fixent tristement.

– Je suis désolée que votre père ne soit pas là aujourd'hui, finit par souffler Laurel. Mais ce cadeau montre à quel point il aurait aimé vous voir tous les deux. Allez, je vais chercher le gâteau à la boulangerie, ajoute-t-elle. Ça nous remontera le moral !

Déçu, Barley tourne les talons. Ian reste seul face à l'étrange bâton. Curieux, il tente à son tour de lire le sort. Mais cette fois, dès les premiers mots… le bâton se met à briller !

Fasciné, Ian observe le bâton, qui tremble et s'élève dans les airs, entraînant avec lui les objets qui l'entourent ! Vite, le jeune elfe tend la main pour l'attraper, en prononçant la fin de l'incantation. Aussitôt, un rayon magique jaillit !

Attiré par le bruit, Barley entre dans la chambre.

– Comment tu as fait ça ? s'écrie-t-il.

– Je n'en sais rien !

C'est alors que le rayon vient frapper le sol, et qu'une paire de chaussures d'homme apparaît !

– Regarde ! s'exclame Barley. Des pieds !

À présent, le rayon remonte et fait peu à peu apparaître des chaussettes violettes. Ian écarquille les yeux. Le sort fonctionne ! Il est en train de ramener son père !

C'est maintenant un pantalon qui se matérialise, puis une ceinture. Le rayon continue à monter, révélant le bas d'une chemise… Mais le bâton tremble de plus en plus, et Ian a un mal fou à le retenir.

– Je vais t'aider ! s'écrie le costaud en se précipitant vers son frère.

Ian sent que quelque chose ne va pas. Il recule d'un pas et hurle :

– Attention !

Brusquement, la Pierre de Phénix explose en mille morceaux ! Les frères sont projetés à l'autre bout de la chambre. Quand ils se redressent, ils cherchent leur père des yeux. Et tout à coup… deux jambes repoussent une pile de vêtements !

– Papa ? souffle Ian.

Mais quand les jambes se lèvent, les elfes constatent, stupéfaits, qu'elles sont seules ! L'apparition de Wilden a été stoppée à mi-chemin : seule la partie inférieure de son corps s'est matérialisée.

– Qu'est-ce que j'ai fait ? bredouille Ian, paniqué. C'est horrible !

Face aux deux elfes, les jambes se mettent à bouger maladroitement. Les pieds semblent chercher quelque chose.

– Papa ! Tu es chez toi ! crie le costaud.

– Il ne peut pas nous entendre, remarque son petit frère.

Barley approche de son père. Doucement, il se met à tapoter sur un de ses pieds, comme quand il était petit. Et ça fonctionne… Wilden répond en poursuivant le rythme !

– C'est ça, papa ! s'exclame le costaud, ravi. C'est moi !

Pourtant, Wilden continue à chercher. Alors, Ian s'avance. Quand le pied de son père trouve le sien, il souffle :

– Salut, papa...

Puis il se tourne vers son frère, désespéré.

– J'ai tout gâché ! Il va rester comme ça pour toujours !

– Pas pour toujours, corrige Barley. Le sort ne dure que vingt-quatre heures.

– Ça ne nous laisse pas beaucoup de temps pour retenter le sort, remarque Ian.

– Il faut d'abord qu'on trouve une autre Pierre de Phénix, répond son grand frère. Vois le bon côté : ça te laissera le temps de t'entraîner !

Le costaud brandit une carte des *Quêtes de Yore*, qui représente une vieille taverne.

– Et nous commencerons par le point de départ de toutes les quêtes, annonce-t-il d'un ton solennel. La Taverne de la Manticore !

Ian est dubitatif : c'est la vraie vie, pas un jeu… Il jette un œil aux jambes de son père. En même temps, il ne peut plus nier que la magie existe !

– OK, cède-t-il. Je ferai tout pour le rencontrer.

Avec un sourire jusqu'aux oreilles, Barley s'exclame :

– T'entends ça, papa ? C'est le commencement d'une noble et glorieuse quête !

Pour ne pas attirer l'attention, le jeune elfe utilise des vêtements pour fabriquer la partie supérieure de Wilden. Au-dessus des jambes, il fait tenir un T-shirt, une doudoune sans manches, des gants, une casquette et une paire de lunettes de soleil.

Quelques minutes plus tard, Ian et son père grimpent à l'arrière du van, Barley s'installe au volant et ils se mettent en route !

Quand Laurel rentre avec le gâteau d'anniversaire, elle monte chercher Ian et retient un cri en découvrant le bazar. Puis elle remarque le mot scotché sur la porte : *« On revient vite, avec une surprise DE DINGUE !!! »*

Inquiète, l'elfe regarde autour d'elle. Ses yeux se posent sur les deux cartes du jeu de Barley : la Pierre de Phénix et la Taverne de la Manticore.

Sans hésiter, elle dévale l'escalier, attrape ses clefs de voiture, et quitte la maison. Elle doit rattraper ses fils avant qu'ils ne se mettent en danger !

Pendant ce temps, le van quitte New Mushroomton, et Barley tend à son frère le livre des *Quêtes de Yore.*

– Tiens ! Profite du trajet pour t'entraîner à lancer des sorts.

– OK…

Ian prend le bâton et le pointe vers une vieille cannette vide qui traîne à l'arrière du van. Ce premier sort est censé faire léviter des objets.

– *Aloft Elevar*, lit-il.

Une étincelle apparaît en haut de la cannette.

– *Aloft Elevar*, répète le jeune elfe, sans plus de succès.

Il tourne la tête vers son frère.

– Ça ne marche pas… Est-ce que je le prononce bien ?

– Oui, répond Barley. Mais tu dois parler avec ton Feu intérieur !

– Mon *quoi* ?

– Avec passion, si tu préfères. Tu dois y croire !

Malgré tous les efforts de Ian, ses tentatives ne donnent rien. Découragé, il laisse tomber le bâton, et va s'asseoir à côté de son père.

– C'est un bon début, tente de l'encourager Barley. De toute façon, ajoute-t-il en se garant, on est arrivés !

Le jeune elfe regarde par la fenêtre du van. Là, face à eux, se dresse la Taverne de la Manticore ! Mais comment aider Wilden à marcher ? Le pauvre ne voit rien !

En regardant autour de lui, Ian a une idée. Il attache la laisse de Fournaise à un des passants de ceinture du pantalon de son père. De cette façon, il peut le guider dans la bonne direction !

Tous trois se dirigent vers la taverne.

– À l'intérieur, tu me laisses parler, OK? dit Barley à son frère. La manticore est une créature redoutable, il faut la traiter avec respect pour qu'elle accepte de nous donner la carte qui nous mènera à la Pierre de Phénix.

– Quoi ? La carte ? répète Ian. Mais je pensais qu'elle avait la Pierre !

Le costaud a un rire indulgent.

– Ce n'est pas comme ça que fonctionnent les quêtes…

Sur ce, il pousse la lourde porte en bois sculpté de la taverne, puis se fige, stupéfait par le spectacle qu'il y découvre…

DANS LA TAVERNE DE LA MANTICORE

Chapitre 4

La Taverne de la Manticore est devenue… un restaurant familial !

Barley tente de rassurer son frère :

– D'accord, ça a un peu changé… mais celle que nous cherchons est toujours là !

Puis il aborde une hôtesse d'accueil et déclare :

– Nous demandons audience.

L'hôtesse fait signe à la mascotte du restaurant, qui s'approche… et fait un gros câlin à Ian !

– Mais non, proteste Barley. La vraie manticore !

– Oh, vous parlez de Corey ? demande l'hôtesse. Elle est en cuisine.

Juste à ce moment-là, la créature légendaire surgit dans la salle, des assiettes en équilibre sur ses pattes de lion et sa queue de scorpion.

– C'est elle ? questionne Ian, surpris.

Il ne l'imaginait pas en uniforme de restaurant, avec des lunettes sur le nez. Pourtant, cela n'empêche pas Barley de s'agenouiller devant elle.

– Votre Intrépidité ? demande-t-il. Mon frère et moi cherchons la carte qui nous conduira à une Pierre de Phénix.

– Ça tombe bien, réplique la manticore en leur tendant un set de table, j'ai justement ce qu'il vous faut !

– Mais… c'est un menu pour enfants, constate Ian.

– Chouette, non ? réplique Corey. Il a été réalisé à partir de mes anciennes cartes !

– Très amusant, Votre Supériorité, répond Barley. Mais pourrions-nous avoir la carte originale ?

Il soulève le déguisement de Wilden, pour révéler les jambes indépendantes.

– Qu'est-ce que c'est que ça ? demande la manticore, ébahie.

– C'est notre père, intervient Ian. On a une chance unique de le rencontrer, mais…

– … mais pour ça, on a besoin d'une Pierre de Phénix, le coupe son grand frère.

Corey hésite, puis secoue la tête.

– Non. C'est fini, je n'envoie plus les aventuriers vers de dangereuses quêtes.

– Quoi ? Mais pourquoi ? questionne le costaud.

– Parce que c'est dangereux, justement ! réplique Corey. Cette discussion est terminée !

– Pas pour moi ! s'écrie Ian en se dressant courageusement face à la créature légendaire.

Puis il pointe du doigt un portrait de la manticore accroché au mur.

– Avant, vous n'aviez pas peur de prendre des risques ! remarque-t-il.

– Oui, eh bien, les choses ont changé, rétorque Corey. Maintenant, je dois rendre des comptes à mes investisseurs et payer les salaires de mes employés. Et puis, qui a dit que pour vivre une aventure, il fallait prendre des risques, hein ?

– Vous, rétorque le jeune elfe en désignant la phrase écrite sous le tableau, qui dit justement : *Il faut prendre des risques pour vivre une aventure.*

Corey fixe le panneau sans rien dire. Elle semble bouleversée.

– Qu'ai-je fait ? murmure-t-elle. Cet endroit était dangereux, autrefois. Sauvage !

Brusquement, la manticore se met en colère.

– Tout ceci est un mensonge ! réalise-t-elle en regardant le restaurant. Que suis-je donc devenue ?!

Brusquement, elle crache un long trait de feu.

– Tout le monde dehors ! ordonne-t-elle aux familles terrifiées. La taverne est fermée pour rénovation !

Tandis que les clients fuient le restaurant, la manticore déploie ses ailes, pousse un rugissement assourdissant, et se met à saccager les lieux ! Les objets volent, le feu prend un peu partout, une lourde poutre tombe du plafond… C'est le chaos !

Soudain, Wilden est projeté au sol, alors qu'une deuxième poutre se détache. Il va se faire écraser ! Sans réfléchir, Ian brandit le bâton et hurle :

– *ALOFT ELEVAR !*

Un rayon vient frapper la poutre, qui s'arrête net, quelques centimètres à peine au-dessus de Wilden. Vite, Barley se précipite pour le tirer hors de danger, puis tous les trois quittent la taverne en flammes.

De retour dans le van, Barley démarre rapidement... puis part dans un grand rire.

– C'était incroyable ! s'exclame-t-il. Mon frère est un magicien !

Ian a un sourire timide.

– Je n'arrive pas à croire que ça ait marché...

– Et moi, je suis sûr que tu vas réussir le sort pour ramener papa !

– Sauf qu'on n'a pas de carte, remarque le jeune elfe.

Avec un sourire fier, le costaud brandit le menu pour enfants que lui a donné Corey.

– Mais on a ça ! Dans une quête, il faut faire avec ce qu'on a…

Ian hausse les épaules. De toute façon, ils n'ont pas le choix.

– Visiblement, on doit chercher la Pointe du Corbeau, annonce-t-il en étudiant le set de table.

Le jeune elfe prend la carte routière dans la boîte à gants, l'étudie, puis s'écrie soudain en désignant une montagne :

– C'est là !

– La Pierre doit se trouver là-bas, comprend Barley. On peut y être demain matin.

Ça nous laissera toute la journée pour profiter de papa.

– Et l'autoroute nous y conduit directement, remarque Ian. C'est parfait !

Pourtant, le costaud secoue la tête.

– Tu dois savoir qu'au cours d'une quête, le chemin le plus évident n'est jamais le bon…

Son petit frère fronce les sourcils, sans comprendre.

– Pour mes campagnes dans *Les Quêtes de Yore*, je suis toujours mon instinct, explique Barley. Et là, il me dit qu'on doit emprunter ce passage, un peu plus loin : la Piste du Péril !

Pour Ian, cette fois, son frère va trop loin. La seule chose qui compte, c'est de passer le plus de temps possible avec leur père.

Le costaud jette un œil aux jambes de Wilden, et finit par céder.

– OK, on prend l'autoroute.

Au même moment, Laurel est en route pour la Taverne. Elle en profite pour prévenir Colt que les garçons ont disparu.

– Ça ne ressemble pas à Ian de partir comme ça, s'inquiète-t-elle.

– Tu ne devrais pas être dehors à les chercher à cette heure-ci, soupire son petit ami.

– Je sais, c'est idiot, approuve l'elfe. Ils sont sûrement… EN FEU ! s'écrie-t-elle soudain.

– Quoi ? questionne Colt, qui n'y comprend plus rien.

– La taverne est en train de brûler ! explique Laurel en se garant. Je dois te laisser !

En cherchant ses fils autour du restaurant, au milieu des pompiers qui luttent contre

les flammes, l'elfe tombe sur la manticore, enveloppée dans une couverture de survie. Corey lui confirme avoir vu deux jeunes elfes un peu plus tôt.

– Ne vous inquiétez pas, ajoute-t-elle. Je leur ai parlé de la carte, de la Pierre, et du maléfice.

Elle ouvre de grands yeux.

– Oh non ! J'ai oublié de leur parler du maléfice… Vos fils sont en danger. Mais je peux vous aider, je sais où ils vont !

La manticore veut se lever, mais un policier l'en empêche.

– Pas si vite ! On a des questions à vous poser…

Désespérée, Laurel cherche une solution. Hors de question d'attendre que l'interrogatoire soit terminé pour en savoir plus ! Elle aperçoit une ambulance,

garée un peu plus loin. Voilà qui lui donne une idée…

Quelques instants plus tard, l'elfe réapparaît avec un kit de premiers secours. Elle se fait passer pour un médecin auprès des policiers et exige d'examiner Corey au plus vite.

La ruse fonctionne : les agents acceptent, et elles en profitent pour leur fausser compagnie ! Bientôt, Laurel et la manticore filent sur l'autoroute…

Voilà une demi-heure que le van roule sur l'autoroute, quand soudain, le moteur se met à tousser.

– Non, non, non ! gémit Barley. Ne me lâche pas maintenant, Guenièvre !

Mais après quelques mètres, le costaud est obligé de s'arrêter sur le bord de la route…

– Il faut juste faire un plein, annonce-t-il en allant chercher un bidon d'essence à l'arrière.

Mais quand il le secoue, il se rend compte qu'il est presque vide.

– On ne peut pas utiliser la magie pour faire un plein ? questionne Ian.

– Hé ! J'adore ta façon de penser ! s'exclame le costaud en feuilletant le livre des *Quêtes de Yore*. Voilà ! s'exclame-t-il en s'arrêtant sur une page. Un sort d'agrandissement ! Si tu fais grossir le bidon, l'essence qu'il y a à l'intérieur grossira aussi. Et on en aura assez pour repartir.

Ian hoche la tête. Il prend son bâton et se concentre.

– Avec un Feu intérieur, marmonne-t-il pour lui-même.

– Attends, intervient Barley. Ce sort est plus compliqué. Pour le réussir, tu dois respecter un décret magique. Une règle, si tu préfères, précise-t-il, devant l'expression perplexe de son frère. Ici, il y a écrit : *Pour amplifier un objet, amplifiez votre concentration sur lui !* Il ne faut pas que tu te laisses distraire, quoi.

Le costaud pose le bidon sur le sol, et Ian lève son bâton. Il prend une grande inspiration. Concentré.

Son frère toussote.

– Il y a un truc qui ne va pas ? demande le jeune elfe.

– Désolé, c'est juste ta posture, explique Barley en se mettant derrière lui pour le replacer. Menton levé, coudes écartés, dos légèrement cambré… Voilà, c'est mieux.

Ian pousse un soupir exaspéré, puis se reconcentre.

– *Magnora Gantuan !* lit-il à haute voix.

Le bâton s'illumine, et aussitôt, le bidon se met à trembloter.

– Plus haut, les coudes, chuchote le costaud.

– J'essaie de me concentrer ! rétorque le jeune elfe.

Peu à peu, le bidon se met à grossir. Surexcité, Barley souffle :

– Concentré… concentré…

– Mais c'est pas vrai ! s'énerve Ian en laissant retomber son bâton.

Aussitôt, le bidon reprend sa taille d'origine.

– Ça a marché ! lance pourtant une petite voix à côté du jeune elfe.

Ian tourne la tête… et découvre que son frère fait maintenant la taille d'une petite bouteille d'eau !

– Et le van est énorme, continue le costaud. Et toi aussi !

Soudain, il comprend.

– Oh non… Tu m'as rétréci !

Il marche jusqu'au livre des *Quêtes de Yore* qu'il a laissé ouvert, et s'écrie :

– Si tu rates un sort, ça a des conséquences !

– J'ai raté parce que tu n'arrêtais pas de me déranger ! lui fait remarquer Ian.

– J'essayais de t'aider, s'écrie son frère.

– Eh bien n'essaie pas !

Comme s'il percevait cette atmosphère tendue, Wilden se met à chercher en tapotant autour de lui. Il rencontre le pied de Ian, puis cherche Barley. Lorsqu'il découvre

que son fils aîné est minuscule, il se met à bouger dans tous les sens, affolé.

– Du calme, papa, je vais arranger ça, promet Ian.

Il met le petit Barley dans la poche de son T-shirt, attrape la laisse pour guider son père d'une main, le bidon d'essence de l'autre main, et se met à marcher.

Par chance, après une dizaine de minutes, Ian aperçoit une station-service. Impossible de la louper : une dizaine de grosses motos sont justement en train de s'y garer. Le jeune elfe plisse les yeux pour mieux voir les petites créatures qui les conduisent : ce sont des lutins en blousons de cuir. Et ils n'ont pas l'air commodes…

Prudent, Ian garde ses distances. Il se dirige vers la caisse pour payer son essence en avance. Il aimerait partir au plus vite, et

surtout sans se faire remarquer. Mais pas de chance, Barley doit aller aux toilettes. Inquiet de le sentir s'éloigner, leur père se met à chercher avec son pied... et tapote la tête d'un lutin !

– Hé ! Fais gaffe ! lui crie ce dernier.

Aussitôt, celle qui semble être la chef du groupe se précipite vers Wilden.

– T'as un problème ? lui demande-t-elle en l'attrapant par le col.

– Excusez-le, intervient Ian en tirant son père vers la sortie. Il n'a pas toute sa tête en ce moment...

Au même moment, sur l'autoroute, Laurel essaie d'en apprendre plus sur le fameux maléfice dont lui a parlé la manticore.

– C'est un sort de garde, précise cette dernière en relevant sa manche pour faire apparaître son bras couvert de tatouages. Si vos fils prennent la Pierre, le maléfice se déclenchera. Il prendra la forme d'un monstre très puissant, reprend-elle en montrant un tatouage qui représente la créature. Et il les affrontera jusqu'à la...

Corey s'interrompt juste à temps.

– Vous m'avez dit que vous pouviez les aider ? questionne Laurel, effrayée.

– Tout maléfice a un cœur, le siège de son pouvoir, explique la manticore. Et une seule arme, forgée dans le plus rare des métaux, peut le détruire.

Elle montre un autre de ses tatouages, qui représente une épée et sous lequel est écrit : *le Broyeur de Sortilège.*

– D'accord, répond Laurel. Vous ne l'avez pas sur vous, cette épée, si ?

Une expression de regret passe dans le regard de Corey.

– Je l'ai vendue, avoue-t-elle. Mais ne vous inquiétez pas, je sais où elle se trouve !

Laurel accélère, déterminée.

– J'arrive, les garçons, murmure-t-elle. Essayez de ne pas vous mettre en danger d'ici là…

Ian est en train de remplir le bidon d'essence, tout en jetant des regards inquiets autour de lui. Soudain, il entend des

voix énervées. Un peu plus loin, Barley discute avec deux lutins. Et à en juger par leur ton, ce qu'il leur dit ne leur plaît pas du tout…

– Si vos ailes ne fonctionnent pas, déclare le minuscule elfe, c'est parce que vous avez cessé de vous en servir…

– Tu nous traites de paresseux ou quoi ? s'énerve la chef des motards.

– Non, pas vous, précise Barley. Vos ancêtres.

– Qu'est-ce que tu dis sur mes ancêtres ?

Ian se précipite pour intervenir.

– Désolé ! s'écrie-t-il en entraînant son frère. De toute façon, vous n'avez pas besoin de voler, vous avez de super motos !

Ian tire sur la laisse pour guider son père, mais ce mouvement soudain déséquilibre Wilden, qui bouscule une moto. Sous le regard horrifié des deux lutins, le deux-roues entraîne tous les autres avec lui, comme dans un jeu de dominos !

Comme les motos bloquent la porte de la station-service, les autres lutins sont

coincés à l'intérieur. Ian en profite pour ramasser Barley et s'enfuir en courant avec Wilden.

– JE VAIS VOUS TUER ! hurle la chef des lutins derrière eux.

Le jeune elfe accélère, tout en répétant, paniqué :

– On est morts…

Enfin, il arrive au van. Alors qu'il verse le plus vite possible l'essence dans le réservoir, il entend les motos qui approchent !

Le jeune elfe veut monter dans le van… mais la porte est verrouillée !

– Je m'en occupe ! annonce le petit Barley en se faufilant dans un trou de la carrosserie.

Hop ! Il parvient à lever le verrou !

Ian fait monter Wilden à l'arrière du van, puis il grimpe à la place du passager et hurle :

– OK! On y va !

Son regard se pose alors sur son frère. Il est toujours minuscule. Impossible pour lui de conduire Guenièvre !

– Oh non…, murmure Ian.

Mais il n'a pas le choix : dans le rétroviseur, les motos se rapprochent !

Le jeune elfe s'installe au volant, tourne la clef… mais rien ne se passe.

– Il faut connaître le truc, explique Barley. Tu tournes doucement et tu ne t'arrêtes pas au milieu, mais pas au bout non plus…

Ian recommence en marmonnant :

– Allez, vas-y… Démarre, Guenièvre !

LEÇON DE CONDUITE

Chapitre 6

Enfin, le moteur répond !

– Mets le levier de vitesse sur E ! ordonne Barley. Pour « En avant » !

Ian s'exécute et baisse le levier bricolé situé derrière le volant du van. Puis il appuie sur l'accélérateur. Le van bondit… pile au moment où une moto arrive à leur hauteur !

Un lutin réussit à casser la vitre côté passager, envoyant des éclats de verre partout.

L'apprenti conducteur accélère et coupe la route des motos, qui doivent s'arrêter pour éviter une collision. Voilà qui leur laisse un peu de temps pour essayer de les semer !

Vite, Ian prend la voie d'insertion pour rejoindre l'autoroute.

– Je ne vais pas y arriver ! crie-t-il, paniqué, en voyant les voitures qui foncent à vive allure. Je ne suis pas prêt !

– Tu ne seras jamais prêt, lui hurle son frère. VAS-Y !

Sans réfléchir, le jeune elfe écrase l'accélérateur… et réussit à s'insérer juste devant un camion !

– Bien joué, le félicite le minuscule elfe.

Mais leur soulagement est de courte durée : les motards les ont déjà rattrapés ! Barley saute sur l'épaule de Ian pour le diriger.

– Passe par la gauche ! ordonne-t-il.

– Les voitures ne me laissent pas passer ! panique le jeune elfe.

– CLIGNOTANT ! ordonne Barley.

– Il n'y en a pas !

– Sers-toi de ton bras !

Ian obéit… mais un lutin lance une chaîne, qui vient s'enrouler autour du bras du jeune elfe ! Le voilà obligé de conduire à une main.

Sans hésiter, Barley saute sur le bras de son frère. Après avoir lutté quelques minutes, il réussit à enlever la chaîne. Emportée par le vent, elle s'abat sur leurs poursuivants. Les voilà débarrassés d'une dizaine de lutins !

Ian s'aperçoit qu'ils approchent de deux sorties.

– Pour les montagnes, il faut prendre la sortie nord ! lui lance son frère en regagnant son épaule.

Manque de chance, la sortie nord est à l'opposé. Le jeune elfe va devoir se rabattre sur trois voies pour la rejoindre…

Et comme si ce n'était pas assez compliqué comme ça, d'autres lutins parviennent à leur hauteur et sautent dans le van ! Ils attaquent Ian, qui perd le contrôle du véhicule.

– Concentre-toi ! lui crie son frère.

Tout à coup, Ian a une idée. Il allume la climatisation. Aussitôt, un puissant souffle d'air éjecte les lutins de la voiture !

– Bien joué, Guenièvre ! triomphe Barley, fermement accroché à la

ceinture de sécurité pour ne pas être emporté, lui aussi.

Ian coupe la climatisation, et jette un œil à la sortie nord, qui est maintenant tout proche.

– On ne va pas y arriver ! panique son frère.

Pourtant, Ian ne s'avoue pas vaincu. Il manœuvre le van et réussit à franchir toutes les voies, juste à temps pour emprunter la sortie !

Derrière lui, les motos des lutins qui ont tenté de le suivre n'ont pas autant de chance, et s'écrasent contre un mur. Quand le jeune elfe jette un œil dans le rétroviseur, il constate que l'accident a eu un effet inattendu : les lutins ont déployé leurs ailes et ils s'éloignent maintenant... en volant !

– Papa va bien ? demande Ian, remis de sa surprise.

– Oui, confirme Barley. Grâce aux talents de conducteur de M. Ian Lightfoot !

Au moment où le minuscule elfe veut taper dans la main de son frère, il sent

quelque chose de bizarre. Il est en train de reprendre sa taille normale !

Comme il est toujours perché sur l'épaule de Ian, ce brusque changement perturbe le conducteur, qui zigzague dangereusement sur la chaussée.

Et quelques secondes plus tard, une sirène résonne derrière eux. Une voiture de police vient de les prendre en chasse !

Maintenant entièrement revenu à sa taille normale, Barley se glisse sur le siège passager, tandis que son frère se gare sur le bas-côté.

La voiture de police les y rejoint bientôt et deux policières en émergent : l'inspectrice Specter, une cyclope, et l'inspectrice Gore, une satyre.

– Sortez du véhicule, ordonnent-elles.

Les deux frères échangent un regard paniqué. Ils ne remarquent pas que leur père sort par l'arrière du van… et vient tituber devant les agents.

– Monsieur ? lance l'inspectrice Specter. Je vais vous demander de marcher le long de cette ligne droite.

– Ils vont emmener papa, murmure Ian, horrifié.

– Je sais ! s'exclame soudain Barley. Le sort de déguisement ! Il te permet de prendre l'apparence que tu veux…

– Et si je rate encore une fois ? l'interroge son frère, inquiet.

– Il n'y a qu'une règle à suivre pour ce sort : tu dois dire la vérité. Donc tant que tu ne mens pas, tout devrait bien se passer !

– D'accord, répond le jeune elfe. En qui on se transforme ?

Le costaud sourit. Il vient d'avoir une idée…

Quelques instants plus tard, une silhouette émerge du van. Quand les agents lèvent les yeux, elles découvrent face à elles… Colt Bronco !

– Vous étiez dans ce véhicule ? interroge Specter, surprise.

– Affirmatif ! répond Ian, avec la voix de son beau-père. Et je me porte garant de cet individu, ajoute-t-il en désignant Wilden.

– Je croyais que vous étiez à l'autre bout de la ville aujourd'hui, déclare Gore.

– J'ai… euh… changé d'avis, improvise Ian.

Aussitôt, l'oreille de Colt disparaît ! Le mensonge du jeune elfe a fragilisé le sort de déguisement ! Vite, Ian tourne la tête pour que les policières ne remarquent rien.

– Réponds à chaque question par une autre question ! conseille son frère.

– Que faites-vous ici, exactement ? questionne Specter.

– Euh… Que fait-on tous ici, au fond ? demande Ian avec un rire nerveux.

Gore hoche la tête, impressionnée par cette réflexion profonde. Mais sa collègue insiste.

– Eh bien, je faisais faire quelques exercices de conduite à mon beau-fils, improvise le jeune elfe.

Comme ce n'est pas un mensonge, son déguisement de Colt ne bouge pas.

– Il zigzaguait sur la route, remarque Specter, dubitative. Et il n'a pas l'air très en forme…

Ian jette un coup d'œil à son père, que les agents prennent pour lui. Il est avachi sur le capot de la voiture de police…

– Eh bien, pour être honnête, reprend le jeune elfe, je panique un peu… Je transpire,

je ne sais pas quoi dire, j'ai l'impression que je ne fais rien de bien…

– OK, du calme ! déclare Specter. Je crois que je comprends ce qui se passe.

– Ah oui ? interroge Ian, stupéfait.

– Mais oui. C'est compliqué de se retrouver dans un rôle de parent du jour au lendemain. Moi aussi, je m'arrache les cheveux avec la fille de ma petite amie.

Avec un sourire indulgent, Specter lui fait signe de repartir.

Alors que Ian aide Wilden à remonter dans le van, Gore lui lance :

– Je vous plains, Bronco. Ce gamin n'est pas facile…

– Je ne suis pas d'accord, s'indigne le jeune elfe. Ian est un bon garçon !

– Je parlais de l'autre, précise Gore. C'est un raté, ce gamin. Vous n'êtes pas d'accord ?

Ian se fige.

– Euh… non, je ne trouve pas, répond-il.

Aussitôt, la jambe de Colt disparaît, sous le regard outré de Barley.

Vite, les frères grimpent dans le van, avant que le sort ne se dissipe entièrement. Puis, sans un mot, le costaud s'installe au volant et démarre.

L'inspectrice Specter regarde le véhicule s'éloigner d'un air soupçonneux. Elle se penche pour examiner le sol… et remarque que les empreintes de sabots se transforment soudain en traces de chaussures !

Elle retourne à sa voiture, prend sa radio et demande :

– Passez-moi l'inspecteur Colt Bronco, s'il vous plaît…

SUR LA PISTE DU PÉRIL

Chapitre 7

Un silence pesant règne dans le van.

– Je ne sais pas ce qui s'est passé, finit par dire Ian, mais je ne pense pas que tu es un raté.

Pour toute réponse, son grand frère allume l'autoradio et pousse le volume à fond.

– PEUT-ÊTRE QUE LA MAGIE S'EST TROMPÉE ! crie le jeune elfe, pour couvrir le hard rock qui a envahi la voiture.

Brusquement, le costaud tourne pour se garer sur une aire de repos déserte. Sans un

mot, il descend du van et ouvre un paquet de biscuits apéritifs soufflés.

– S'il te plaît, commence Ian en le rejoignant, tout ça n'est qu'un…

– Je ne suis pas un raté ! l'interrompt Barley.

– Je n'ai jamais dit ça.

– La magie l'a dit pour toi.

– Je ne sais pas comment ça marche, ces histoires de magie, lâche le jeune elfe. Ce que je sais, en revanche, c'est que tout ce qu'on a fait aujourd'hui a mal tourné !

– Parce que tu ne m'écoutes pas ! s'exclame le costaud.

– Tu rigoles ? demande Ian. On n'a fait que suivre tes idées…

– Mais on ne l'a pas fait à ma façon, proteste Barley. Tu ne m'as pas laissé gérer

la manticore, tu as paniqué quand j'ai parlé aux lutins. Tu ne me fais pas confiance !

– Bien sûr que si ! s'exclame son frère.

– Super. Dans ce cas, prenons la Piste du Péril !

– En temps normal, je serais d'accord…

– Tu vois ! crie le costaud. Tu…

Brusquement, il s'interrompt.

Ian se retourne pour voir ce que son frère regarde. À l'arrière du van, Wilden s'est levé et il sautille en rythme.

– Je pense qu'il sent les vibrations de la musique et qu'il… danse, comprend Barley.

Leur père prend de l'assurance, il remue les fesses, pointe les pieds, se secoue dans tous les sens…

– Waouh ! souffle Ian. Il est vraiment mauvais !

– Carrément, approuve son frère.

Mais leur père ne s'arrête pas là. Il vient les chercher à tâtons.

Bientôt, ses deux fils dansent avec lui en riant, leur colère évanouie.

Enfin, Wilden s'assied, fatigué.

Barley se tourne vers son frère.

– Tu sais, moi aussi, j'ai envie de le voir, déclare-t-il. Laisse-moi une chance de réussir. Est-ce qu'on pourrait essayer ma méthode, juste une fois ?

Ian fait la moue.

– Tu penses vraiment que la Piste du Péril est

le meilleur chemin pour rejoindre les montagnes ?

Le costaud acquiesce.

– OK, alors allons-y.

Réconciliés, ils remontent dans le van, qui bifurque bientôt vers un chemin de terre poussiéreux. Les deux elfes ne s'en rendent pas compte, mais le terrain accidenté secoue Guenièvre, qui en perd son pare-chocs arrière…

Laurel et Corey se garent à présent devant un dépôt-vente rempli de vieilles télévisions, d'armures, d'instruments de musique rouillés ou encore de livres anciens. C'est là que se trouve la mythique épée de la manticore, le Broyeur de Sortilège.

À leur demande, Grecklin, la gobelin derrière le comptoir, va fouiller dans l'arrière-boutique, puis revient avec l'arme.

– J'ai ce truc-là, dit-elle, sans conviction.

– C'est elle ! s'exclame Corey.

– Elle vaut combien ? demande Laurel.

– Oh, soupire la vendeuse, disons… dix dollars ?

– Parfait !

Tandis que l'elfe sort son portefeuille, la manticore admire son épée, très émue.

– Forgée dans le plus rare des métaux, souffle-t-elle. Il n'en existe qu'une au monde… Contente de te retrouver, ma vieille amie !

Laurel donne les billets à la vendeuse. Mais quand Corey veut prendre l'épée, Grecklin la retient.

– Oups, dit-elle avec un sourire mauvais. Il paraît que cette épée est unique en son genre. Du coup, disons plutôt… dix *mille* dollars.

– Vous ne pouvez pas faire ça ! proteste Laurel, indignée.

– Pourtant, je viens de le faire, rétorque la vendeuse.

Alors que l'elfe s'apprête à répliquer, son portable sonne. C'est Colt. Elle s'éloigne pour lui répondre.

– J'ai parlé avec des inspecteurs, lui dit-il. Visiblement, les garçons se dirigent vers le Nord.

Au comptoir, Corey se penche vers la vendeuse.

– Vous savez qui je suis ? demande-t-elle, menaçante.

– Une sorte de femme ailée, mi-ours mi-serpent ?

– Mi-lion mi-scorpion ! corrige la manticore.

Et, d'un coup de queue, elle pique Grecklin au cou ! La vendeuse s'effondre sur le sol.

– VOUS L'AVEZ TUÉE ! panique Laurel.

– Simplement paralysée, la rassure Corey. Et c'est temporaire…

Laurel jette un œil à la vendeuse, allongée derrière le comptoir.

– Vous ne pouvez pas faire ça ! parvient à marmonner Grecklin, les dents serrées.

– Pourtant, je viens de le faire, se moque la manticore en récupérant son épée.

Satisfaites, Laurel et Corey quittent le magasin.

Avant de partir vers le Nord, l'elfe rassure Colt : elle va bien, mais elle n'a pas le temps de lui parler.

À l'autre bout du fil, dans sa voiture de police, l'inspecteur Bronco soupire, inquiet, avant de redémarrer. Soudain, il remarque un objet sur la route. Un pare-

chocs dont il reconnaît la plaque d'immatriculation. C'est celle de Guenièvre ! Sans hésiter, il s'engage sur le chemin poussiéreux…

Au petit matin, Ian, Barley et Wilden sont déjà bien avancés sur la Piste du Péril, lorsqu'ils sont obligés de s'arrêter. Un gouffre qui semble sans fond leur barre la route !

Il y a bien un pont-levis, prévu pour traverser, mais il est relevé. Et le levier qui le contrôle est situé de l'autre côté…

– Ce qu'il nous faut, c'est une Passerelle de Confiance, suggère Barley. Un sort qui permet de créer un pont magique. Essaie de dire : « *Bridgrigar Invisia.* »

Ian s'avance au bord du précipice, lève son bâton et prononce l'incantation. Mais aucun pont n'apparaît.

– Ça n'a pas marché, constate-t-il.

Son frère lui fait remarquer que le bâton brille.

– Le sort est actif, explique-t-il. Mais tu ne sauras si ton pont fonctionne qu'en avançant dessus.

– En avançant sur quoi ? questionne le jeune elfe en regardant le vide.

– Si tu crois qu'il y a un pont, alors il y en a un, déclare Barley, solennel.

Mais pour Ian, impossible de se lancer comme ça. Il a besoin d'une sécurité.

Le costaud lui passe donc une corde autour de la taille et attache l'autre bout à un arbre.

Un peu plus rassuré, le jeune elfe prend une grande inspiration. Il pose un pied dans le vide… et tombe !

– Au secours ! hurle-t-il. Je meurs ! Je suis mort !

– Je te tiens ! lui crie Barley en le remontant sur la terre ferme.

Ian est sous le choc. Pourtant, il faut bien recommencer : la Pointe du Corbeau est de l'autre côté…

Concentré, Ian avance à nouveau. Cette fois, son pied semble se poser dans les airs, et une lumière bleue apparaît sous sa semelle !

– Tu dois y croire à chaque pas ! l'encourage le costaud, depuis le bord.

Prenant peu à peu confiance, le jeune elfe avance au-dessus du gouffre. Il ne se rend pas compte que le nœud de la corde qui enserre sa taille est de plus en plus lâche…

– C'est génial ! hurle-t-il en faisant quelques pas de plus.

Sans que Ian s'en aperçoive, le nœud se défait entièrement et la corde tombe dans le vide ! Barley retient un cri. Il ne doit surtout pas perturber son frère.

– Continue ! lui crie-t-il. Ne t'arrête pas !

– Tu tiens toujours la corde, hein ? questionne le jeune elfe.

– Oui, je l'ai ! répond son grand frère.

– JE N'AI PAS PEUR ! hurle Ian, enivré par cette expérience exceptionnelle.

– SUPER ! lui lance Barley. MAIS AVANCE ! ON EST PRESSÉS DE VOIR PAPA, TU TE SOUVIENS ?

Ian est tout proche de l'autre côté à présent.

– PAPA, CE DERNIER PAS EST POUR TOI ! s'écrie-t-il en tournant la tête.

C'est alors que le jeune elfe voit la corde qui pend de l'autre côté. Aussitôt, sa confiance s'évanouit… tout comme son sort.

Et, sous le regard horrifié de Barley, il chute dans le vide !

L'ÉPREUVE FINALE

Chapitre 8

À la dernière seconde, Ian parvient à s'agripper à la roche. Il se hisse de l'autre côté du gouffre. Puis, sans perdre une seconde, il pousse le levier qui actionne le pont-levis.

– Il a réussi, papa ! s'écrie Barley, fou de joie, avant de remonter dans le van pour traverser.

Quelques instants plus tard, alors qu'ils sont réunis de l'autre côté, le costaud pousse un cri. Il vient de repérer une sculpture de corbeau, juste à côté du pont.

– La carte parlait de la Pointe du Corbeau, dit-il. On a cru qu'il s'agissait de la montagne… Mais si ça se trouve, il faut suivre ce que pointe le corbeau ?

Des yeux, il trace une ligne qui part du bec de l'animal.

– Oui ! s'exclame-t-il. Regarde, il y a une autre statue, là-bas ! Elle doit indiquer la position d'un autre corbeau… et ainsi de suite, jusqu'à la Pierre de Phénix !

Ian n'en revient pas.

– Si on avait continué sur l'autoroute, on serait allés au mauvais endroit, admet-il.

Son frère a eu raison de suivre son instinct…

– Guenièvre va nous conduire au prochain corbeau en un rien de temps ! déclare Barley.

Juste à ce moment-là, une sirène de police s'élève dans leur dos. Au volant de sa voiture, Colt traverse le pont-levis !

Bientôt, leur beau-père est face à eux.

– Votre mère est morte d'inquiétude ! s'exclame-t-il. Ça suffit, maintenant, vous rentrez à la maison ! Montez dans le véhicule, je vous escorte.

Barley refuse catégoriquement. Mais Ian prend les clefs du van et dit en soupirant :

– Bon, d'accord…

Son grand frère lui lance un regard déçu, mais il le suit tout de même. Le jeune elfe s'installe derrière le volant.

– Qu'est-ce que tu fais ? lui demande le costaud, surpris.

– Je n'en sais rien ! avoue Ian en appuyant sur l'accélérateur.

Le van fait un bond en avant et s'éloigne à toute allure.

Bientôt, la voiture de Colt apparaît dans le rétroviseur, suivie par d'autres véhicules de police. Une vraie course-poursuite !

Ian fait de son mieux pour semer les policiers, mais il finit par déboucher dans une impasse. Les voilà pris au piège !

– Bloque le passage en faisant tomber des rochers ! conseille Barley.

– Mais comment ?

– Éclair Mystique, explique le costaud. Le sort qui déclenche la foudre ! C'est le plus difficile, mais tu es prêt. N'oublie pas,

pour le réussir, tu dois suivre toutes les règles : le Feu intérieur, la confiance, la concentration, tout !

Déterminé, Ian prend son bâton. Mais il a beau répéter l'incantation, rien ne se passe.

– Je n'y arrive pas ! gémit-il. On ne pourra pas te voir, papa. Et c'est ma faute.

Le jeune elfe est désespéré. Pourtant, le costaud refuse de baisser les bras.

Il s'affaire pour positionner Guenièvre face à une des parois de l'impasse, puis il place une lourde pierre sur l'accélérateur.

Le van fonce droit devant, heurte de plein fouet la roche… et fait tomber une pluie d'énormes rochers en travers de la route !

Barley a sacrifié Guenièvre pour leur permettre de s'enfuir. Ian le regarde, ému et admiratif.

– C'était juste un vieux van, dit sobrement son grand frère. Faut qu'on y aille, maintenant…

À pied, les trois elfes peuvent rejoindre la prochaine statue de corbeau.

Quand ils y parviennent, l'hypothèse de Barley se confirme : elle pointe vers une troisième statue.

Après avoir découvert plusieurs nouveaux corbeaux, le petit groupe aperçoit une statue dont le bec pointe vers une rivière. Grâce au reflet dans l'eau, les elfes remarquent une pierre en forme de trèfle, cachée sur la statue du corbeau.

En l'examinant, Barley remarque qu'elle est gravée de plusieurs lignes ondulées, et d'un X.

– Qu'est-ce que ça veut dire ? interroge Ian.

– En suivant la rivière, on trouvera la Pierre de Phénix, annonce le costaud, ravi.

Un peu plus loin, le cours d'eau se poursuit dans un sombre tunnel. Les elfes y pénètrent donc pour continuer leur progression.

– On en a peut-être encore pour des kilomètres, soupire Ian. On n'a pas le temps pour ça !

– Il faudrait qu'on trouve quelque chose qui flotte. On pourrait lancer un sort de rapidité dessus et filer sur l'eau comme avec un jet-ski, mais magique ! imagine Barley.

Puis, avec un sourire, il brandit un biscuit apéritif. Mais oui ! Voilà qui pourrait faire un radeau de fortune !

– *Magnora Gantuan !* récite Ian, pour le faire grandir.

Ils n'ont plus qu'à s'installer sur le biscuit géant. Puis le jeune s'écrie :

– *Acccelior !*

Aussitôt, l'embarcation démarre. Bientôt, ils filent sur l'eau à vive allure !

– Je n'en reviens pas d'être si près de rencontrer papa, souffle Ian.

– Oui, approuve Barley. Ce serait chouette d'avoir plus de quatre souvenirs avec lui…

– Trois, corrige automatiquement le jeune elfe. Tu as trois souvenirs de lui.

Puis, voyant l'air gêné de son grand frère, il reprend :

– Est-ce qu'il y a un souvenir que tu ne m'as pas raconté ?

Le costaud soupire.

– Quand papa était malade… je devais aller le voir à l'hôpital, pour lui dire au revoir. Mais il était relié à tous ces tubes, et… je ne le reconnaissais plus. J'ai eu peur. Et je ne suis pas entré dans la chambre.

Ian lit le regret sur le visage de son frère.

– Après ça, j'ai décidé que je n'aurais plus jamais peur de rien !

Touché, le jeune elfe lui sourit. Pour la première fois, il comprend le caractère de Barley.

Soudain, ce dernier repère une ancienne arche sculptée.

– C’est l’épreuve finale. La Pierre de Phénix doit être de l’autre côté, déclare-t-il, aux anges.

Toujours au bout de la laisse, Wilden marche devant. Il est en train de franchir l’arche, quand le costaud repère des squelettes sur le sol.

– Attention, souffle-t-il. Il y a peut-être des pièges…

Juste à ce moment-là, une lame jaillit du plafond et vient faucher leur père ! Heureusement, elle le découpe un peu au-dessus de la taille et n’emporte que son déguisement… Mais immédiatement après, une trappe s’ouvre dans le plafond et une sorte de cube de gelée verte en tombe. Il se dirige vers le faux torse de leur père, tombé au sol… et le dissout !

Les elfes poussent un cri d’horreur.

Pire encore : devant eux, un mur se met à descendre lentement. Quand il atteindra le sol, ils seront coincés avec le dangereux cube !

– Courez ! hurle Barley.

Ian jette un coup d'œil devant lui et se rend compte que les pierres du chemin portent toutes des symboles. Et les murs du tunnel sont percés de centaines de trous !

– Attendez ! crie-t-il. C'est une sorte de casse-tête à résoudre…

– On n'a pas le temps, le coupe le costaud. Prends un bouclier !

Les frères ramassent les protections laissées là par les aventuriers malchanceux. Ils entourent Wilden pour le protéger, puis tous les trois se mettent à courir.

Dès leurs premiers pas sur les pierres, une pluie de flèches et de haches s'abat sur eux ! Dans leurs dos, le cube vert les poursuit toujours, engloutissant tout sur son passage…

Les elfes courent le plus vite possible… et s'arrêtent brusquement. Un énorme trou leur barre la route. Tout au fond, des pointes aiguisées brillent d'un éclat menaçant. Ils n'ont pas intérêt à tomber…

– Saute ! ordonne pourtant Ian à son frère.

Ce dernier le regarde comme s'il avait perdu la tête.

– Fais-moi confiance, lui dit seulement le jeune elfe.

Barley jette un coup d'œil au cube derrière lui… et il bondit !

Sans perdre une seconde, Ian lance le sort de lévitation. Il attrape ensuite son père, saute sur son frère toujours suspendu dans les airs, avant d'atterrir de l'autre côté. Puis il fait léviter le costaud jusqu'à lui.

Enfin, les trois elfes peuvent se glisser sous le mur, juste avant qu'il n'atteigne le sol !

De l'autre côté, le petit groupe découvre une pièce étroite, avec un carreau en forme d'étoile sur le sol.

– Ne marche pas dessus, souffle Barley.

Soudain, les elfes entendent une série de bruits mécaniques… et de l'eau envahit la salle ! Comme les flots les soulèvent, ils remarquent une porte au plafond, sur laquelle se découpe un trou en forme d'étoile.

– Peut-être qu'il fallait marcher sur le carreau au sol en fait ? s'interroge le costaud.

Il plonge pour tester sa théorie. Effectivement, quand il presse l'étoile au sol, la porte du plafond s'ouvre. Mais impossible de retenir son souffle assez longtemps pour qu'elle s'ouvre entièrement… Et dès qu'il relâche sa pression, la porte se referme. Comment faire ?

Les deux frères regardent leur père. Lui pourrait tenir assez longtemps sous l'eau !

Ils guident Wilden jusqu'à l'étoile. Une fois son pied fermement appuyé, il ne bouge plus… et les garçons peuvent franchir la porte du plafond !

Ils n'ont plus qu'à tirer sur la laisse pour sortir leur père de l'eau.

– On a réussi ! s'exclame Barley.

Au-dessus d'eux se trouve une autre porte. Ils n'ont plus qu'une petite échelle à monter pour la franchir.

– La Pierre de Phénix nous attend de l'autre côté ! annonce Barley, solennel.

Ian grimpe en tête. Il pousse la porte et se hisse à l'extérieur. Et ce qu'il y découvre le laisse bouche bée…

LA PIERRE DE PHÉNIX

Chapitre
9

Ian vient de déboucher au cœur de New Mushroomton ! Barley le rejoint et regarde autour de lui, tout aussi choqué. Ils sont revenus à leur point de départ…

– Je ne comprends pas, murmure le costaud. On a tout bien fait. La Pierre de Phénix est forcément là, quelque part !

– Ou alors elle est dans les montagnes ! remarque Ian. Où on pourrait être depuis longtemps déjà, si on avait pris l'autoroute…

– Mais non, c'était le chemin le plus évident, proteste son frère. Tu te souviens, ce n'est jamais le bon.

– Je n'aurais pas dû t'écouter ! reprend le jeune elfe, de plus en plus énervé. Tu fais comme si tu savais de quoi tu parles, mais en réalité, tu n'y connais rien ! Parce que tu es vraiment un raté ! Et maintenant, tu as gâché ma seule chance de rencontrer papa !

Ian tire sur la laisse pour conduire Wilden dans le parc situé un peu plus loin.

– Où est-ce que tu vas ? lui crie Barley.

– Profiter du peu de temps qu'il me reste avec papa ! réplique le jeune elfe en lançant le bâton à son frère.

– On peut encore trouver la Pierre ! insiste le costaud. On doit continuer à chercher !

Mais cette fois, son petit frère ne l'écoute pas. Il entraîne Wilden dans le parc, puis s'assied à côté de lui pour regarder le coucher de soleil. Désespéré, Ian pense à tout ce qu'il aurait aimé faire avec lui. Des choses simples, comme se lancer une balle, apprendre à conduire, rire ensemble. Bref, partager sa vie avec lui.

Plus il liste ses rêves, plus ses souvenirs affluent. Et dans chacun d'eux, il se voit faire tout ça… avec Barley. Mais oui !

Depuis toujours, son grand frère veille sur lui comme un père ! Brusquement, Ian se lève. Entraînant Wilden avec lui, il court vers la grande place.

Pendant ce temps, Barley poursuit ses recherches. Son regard se pose sur la vieille fontaine de la place, menacée de démolition. « Il faut suivre l'eau ! » songe-t-il en se précipitant.

Malgré les protestations des ouvriers, il grimpe tout en haut du monument. Et là, il repère un creux en forme de trèfle.

Vite, il y insère la pierre trouvée sur la statue de corbeau. Aussitôt, une petite cachette s'ouvre pour révéler… la Pierre de Phénix ! Le costaud éclate de rire en s'en emparant.

Ça y est ! Enfin !

Il est si heureux qu'il ne remarque pas la fumée rouge qui s'élève dans son dos.

En revanche, il voit son frère arriver en courant.

– Derrière toi ! lui hurle Ian.

Barley se retourne.

– Un maléfice, comprend-il.

Le nuage de fumée rouge forme une large sphère dont émergent des tentacules. Elle flotte vers le lycée, détruisant tout sur son passage. Puis la créature attire les débris pour s'en faire une armure… Bientôt, c'est une sorte de dragon géant qui se précipite, bien décidé à récupérer la Pierre de Phénix !

– Cours, Barley ! crie Ian.

Le costaud descend de la fontaine, attrape le bâton et s'élance pour rejoindre son frère.

Mais le dragon crache un long jet de feu, qui l'empêche d'atteindre Ian. Puis le monstre pique vers la Pierre de Phénix.

Alors que tout semble perdu, la manticore surgit dans le ciel, sa redoutable épée à la main. D'un geste sûr, elle frappe le dragon, qui s'écroule sur le sol !

Barley pousse un cri de joie, tandis que Ian plisse les yeux. Il vient de repérer une silhouette familière sur le dos de la créature.

– Maman ? souffle-t-il, stupéfait.

– Va voir ton père ! lui crie-t-elle en retour.

– Ne t'inquiète pas pour nous, renchérit Barley à l'adresse de Ian. Si on frappe le cœur du dragon avec cette épée, le maléfice sera rompu !

Pour le moment, le monstre se relève. Alors qu'il prend Corey en chasse, les deux frères réussissent à se rejoindre. Barley place la Pierre de Phénix sur le bâton, qu'il tend à Ian.

– Dépêche-toi, lui crie-t-il. Le soleil est sur le point de se coucher !

Vite, le jeune elfe récite l'incantation du Sort du Visiteur. Un rayon jaillit du bâton…

Un peu plus loin, le dragon vient de projeter la manticore sur le sol. Corey est incapable de poursuivre le combat… Alors Laurel s'avance courageusement et saisit le Broyeur de Sortilège.

– Je suis une puissante guerrière ! hurle-t-elle en enfonçant l'épée dans le corps du monstre.

Mais l'arme n'a pas atteint le cœur du dragon. Au lieu de se volatiliser, le monstre est simplement ralenti par sa blessure.

– Dépêchez-vous ! crie Laurel à ses fils. Je ne pourrai pas le retenir longtemps !

Dans les mains de Ian, le bâton se met à trembler. Barley se précipite pour le soutenir. À deux, ils sont assez forts pour contenir la puissance du rayon !

Lentement, le haut du corps de leur père se matérialise enfin…

Mais au même instant, le dragon réussit à repousser l'épée ! Il se redresse, le regard fixé sur la Pierre. S'il s'en empare avant que le sort soit complet, tout sera fini !

– Je vais le distraire, propose Barley.

– Non ! refuse le jeune elfe, plus sûr de lui que jamais. Tu restes et tu dis au revoir à papa. Moi, je m'occupe du dragon. Tu sais, je n'ai peut-être jamais eu de père… mais je t'ai eu, toi.

Avant que le costaud puisse répondre, Ian prend le bâton et court vers le dragon.

Le combat est épique. L'apprenti magicien utilise tous les sorts qu'il a découverts au cours de son aventure : il crée un pont pour approcher plus vite, stoppe la queue du dragon en la faisant léviter, et enfin, il prononce l'incantation la plus puissante de toutes :

– *Voltar Tonneris !*

Un énorme éclair s'abat sur le dragon, détruisant son armure de débris. Il s'écroule au sol, vulnérable. Laurel lance l'épée à son fils, qui la plonge droit dans le cœur du dragon ! Aussitôt, le maléfice s'évapore.

Ian s'écroule au sol, épuisé.

Au loin, il aperçoit un halo de lumière. Wilden est enfin là, entièrement là, face à Barley. Tous les deux parlent, rient… Quand le soleil disparaît à l'horizon, ils se serrent dans les bras.

Puis, en un clin d'œil, Wilden disparaît.

Barley court rejoindre son frère.

– Qu'est-ce qu'il t'a dit ? demande le jeune elfe.

– Qu'il était fier de celui que tu es devenu.

– C'est en grande partie à toi que je le dois, souffle Ian.

– Oui, il a dit ça aussi, répond son grand frère en souriant. Oh ! Et il m'a dit de te donner quelque chose…

Barley ouvre les bras et serre son frère contre son cœur.

ÉPILOGUE

Après cette folle journée d'aventures, tout est rentré dans l'ordre… ou presque !

Corey a rouvert la Taverne de la Manticore, mais avec la décoration d'autrefois. Et elle y accueille tous ceux qui cherchent l'aventure… Oh ! Et parfois, elle passe une soirée entre filles avec Laurel !

De son côté, grâce à ses pouvoirs, Ian a reconstruit le lycée. Et il n'a même pas eu besoin de magie pour se faire de nouveaux

amis parmi les élèves de son cours de science !

À la maison, Fournaise est toujours aussi surexcitée… mais Ian et Barley s'entendent bien mieux avec leur beau-père. D'ailleurs, Colt a pris exemple sur les lutins et la manticore, qui ont retrouvé l'usage de leurs ailes : aujourd'hui, le centaure ne prend plus la voiture… il galope !

Quant à Barley, il s'est procuré un nouveau van, baptisé Guenièvre II. Et justement, Ian a une surprise pour lui…

Le jeune elfe ouvre le garage pour révéler à son frère le résultat de son travail de peinture magique. Sur le côté du van se dresse un cheval ailé, qui porte un Barley guerrier et un Ian magicien sur son dos !

–J'adore ! s'écrie le costaud, conquis.

Sans attendre, les frères grimpent sur la banquette avant. Puis Ian brandit son bâton, et le van s'élève dans les airs !

Voilà Ian et Barley en route pour de nouvelles aventures...

FIN

PAPIER À BASE DE FIBRES CERTIFIÉES

hachette s'engage pour l'environnement en réduisant l'empreinte carbone de ses livres. Celle de cet exemplaire est de :
500g éq. CO_2
Rendez-vous sur www.hachette-durable.fr

Photogravure Nord Compo - Villeneuve-d'Ascq
Imprimé en Roumanie par G. Canale & C. S.A.
Dépôt légal : février 2020
Achevé d'imprimer : janvier 2020
17.0925.7/01 – ISBN 978-2-01-712050-6
Loi n° 49956 du 16 juillet 1949
sur les publications destinées à la jeunesse

TABLE